Arrière-petit-fils de l'historien François-Xavier Garneau, Hector de Saint-Denys Garneau est né à Montréal le 13 juin 1912. Il a passé une partie importante de son enfance au manoir Juchereau-Duchesnay, à Sainte-Catherine de Fossambault, où vivait alors sa cousine Anne Hébert. Éduqué à Québec et à Montréal, il a suivi des cours à l'École des beaux-arts de Montréal. Surtout connu comme poète, il a fait paraître un seul recueil, *Regards et jeux dans l'espace,* en 1937. Photographe, peintre épris d'art, il a marqué son époque par la modernité de son épiphanie littéraire et la gravité de son aventure spirituelle. Il est mort tragiquement à la fleur de l'âge, à trente et un ans.

REGARDS ET JEUX DANS L'ESPACE

Minutieusement préparée et publiée par les soins du poète, cette première et dernière œuvre publique est tout à la fois art poétique et testament littéraire. Elle prend avec les années une valeur fétiche, et fonde le mythe et la modernité de son écriture. Quand il trace dans l'espace de ses poèmes les signes de «l'équilibre impondérable», du «paradis des libertés», du «manque d'air», d'une «baigneuse ensoleillée», d'«un drôle d'enfant», d'une «eau bercée», d'«ombre légère», du «lent voyage» de l'âme, de «nos avides prunelles», d'un «cœur charnel», de «votre exquise pudeur» et de «déménagements d'atomes», Saint-Denys Garneau franchit le seuil des mots en laissant derrière lui le corps d'un livre d'une jeune lumière fulgurante.

REGARDS ET JEUX DANS L'ESPACE

Hector de Saint-Denys Garneau

Regards et jeux dans l'espace

BIBLIOTHÈQUE QUÉBÉCOISE

Bibliothèque québécoise (BQ) est une société d'édition administrée conjointement par les Éditions Hurtubise et Leméac Éditeur. BQ remercie le gouvernement du Canada, le Conseil des arts du Canada, la Société de développement des entreprises culturelles du Québec (SODEC) et le programme de crédit d'impôt pour l'édition de livres du Québec (Gestion SODEC) du soutien accordé à son programme de publication.

Canada

Conception graphique : Gianni Caccia
Typographie et montage : Luc Jacques typographe

ISBN 978-2-89406-336-1

Dépôt légal : 1er trimestre 2013
Bibliothèque et Archives nationales du Québec

Distribution/diffusion au Canada :
Distribution HMH

Distribution/diffusion en Europe :
DNM-Distribution du Nouveau Monde

IMPRIMÉ AU CANADA

ST-DENYS-GARNEAU

REGARDS ET JEUX DANS L'ESPACE

JEUX — ENFANTS
ESQUISSES EN PLEIN AIR — DEUX PAYSAGES
DE GRIS EN PLUS NOIR — SANS TITRE
ACCOMPAGNEMENT

MONTREAL
1937

NOTE DE L'ÉDITEUR

La présente édition reproduit fidèlement l'édition originale de ce recueil, parue en 1937 à compte d'auteur. Imprimé sur les presses de l'imprimerie Excelsior (aménagée au monastère des Dominicains de Notre-Dame-de-Grâce, situé au 5375, rue Notre-Dame-de-Grâce), le livre a été tiré à mille exemplaires, dont plusieurs centaines furent retirées du marché par l'auteur lui-même.

On sait par le frère Luc Lacroix, cousin du père Benoît Lacroix et responsable de la fabrication de cette première édition, que le poète a été très attentif à la production de son ouvrage. De la composition à la mise en page et jusqu'à l'impression, pour laquelle il a donné le «bon à tirer» de chaque cahier de seize pages, l'auteur a été présent. Domicilié au 353, avenue Olivier, à Westmount – à une douzaine de rues de l'imprimerie Excelsior, donc –, il a été à même de suivre toutes les étapes de la réalisation. Dans une lettre adressée à André Laurendeau datée du 18 mars 1937, il précise: «J'ai surveillé d'assez près la mise en page, la disposition, etc. Cela m'a valu beaucoup de fatigue et de tracas. Je découvre maintenant plusieurs imperfections, mais je me suis fait la main, et pour mes prochains livres, si je persiste, je serai mieux préparé. Ce n'était pas d'ailleurs sans intérêt. On prend connaissance plus prochaine de tous les détails de la mise en page, etc.» Voilà pourquoi nous avons voulu, dans cette nouvelle édition, respecter intégralement la disposition des poèmes, les espacements entre les mots et les strophes, les enjambements ; autant d'interventions que le poète peintre s'est permis librement. Il avait – avec la complicité du frère Luc Lacroix, qui savait le jeune homme déterminé, peut-être têtu mais poli, et habité de grands doutes intérieurs – mis en espace ses poèmes. C'est cette dimension de l'édition originale qui est ici rétablie dans sa forme première, dérogeant certes aux usages typographiques mais combien significative des volontés de l'artiste : chaque page, simple ou double, est une petite toile peinte avec des mots.

Pierre Filion

I
JEUX

La structure du texte participe à la formation du sens.

Le seule appure qu'il a c'est l'écriture c'est ce qui lui permet de rester en vie.

Vision du monde selon moi

Je ne suis pas bien du tout assis sur cette chaise
Et mon pire malaise est un fauteuil où l'on reste Mort
Immanquablement je m'endors et j'y meurs.

Mais laissez-moi traverser le torrent sur les roches
Par bonds quitter cette chose pour celle-là Vie
Je trouve l'équilibre impondérable entre les deux
C'est là sans appui que je me repose.

1

Compare sa vie à quelque chose de non stable.

la structure représente des bons.

roches n'est pas l'appuie mais plutôt son écriture.

Le torrent il ne peut pas s'intégrer dans la société.

LE JEU

Ne me dérangez pas je suis profondément occupé

Un enfant est en train de bâtir un village
C'est une ville, un comté
Et qui sait
Tantôt l'univers.

Il joue

Ces cubes de bois sont des maisons qu'il déplace
et des châteaux
Cette planche fait signe d'un toit qui penche
ça n'est pas mal à voir
Ce n'est pas peu de savoir où va tourner la route
de cartes
Cela pourrait changer complètement
le cours de la rivière
A cause du pont qui fait un si beau mirage
dans l'eau du tapis
C'est facile d'avoir un grand arbre
Et de mettre au-dessous une montagne
pour qu'il soit en haut.

Sa joie et liberté proviennent du fait de pouvoir écrire

Joie de jouer! paradis des libertés!
Et surtout n'allez pas mettre un pied dans la chambre
On ne sait jamais ce qui peut être dans ce coin
Et si vous n'allez pas écraser la plus chère
des fleurs invisibles

Voilà ma boîte à jouets
Pleine de mots pour faire de merveilleux enlacements
Les allier séparer marier,
Déroulements tantôt de danse
Et tout à l'heure le clair éclat du rire
Qu'on croyait perdu

Une tendre chiquenaude
Et l'étoile
Qui se balançait sans prendre garde
Au bout d'un fil trop ténu de lumière
Tombe dans l'eau et fait des ronds.

Enfance || Adulte

Séparation

De l'amour de la tendresse qui donc oserait en douter
Mais pas deux sous de respect pour l'ordre établi
Et la politesse et cette chère discipline
Une légèreté et des manières à scandaliser les grandes personnes

Il vous arrange les mots comme si c'étaient de simples chansons
Et dans ses yeux on peut lire son espiègle plaisir
A voir que sous les mots il déplace toutes choses
Et qu'il en agit avec les montagnes
Comme s'il les possédait en propre.
Il met la chambre à l'envers et vraiment l'on ne s'y reconnaît plus
Comme si c'était un plaisir de berner les gens.

Et pourtant dans son œil gauche quand le droit rit
Une gravité de l'autre monde s'attache à la feuille d'un arbre
Comme si cela pouvait avoir une grande importance
Avait autant de poids dans sa balance
Que la guerre d'Ethiopie
Dans celle de l'Angleterre.

Nous ne sommes pas des comptables

Tout le monde peut voir une piastre de papier vert
Mais qui peut voir au travers
si ce n'est un enfant
Qui peut comme lui voir au travers en toute liberté
Sans que du tout la piastre l'empêche
ni ses limites
Ni sa valeur d'une seule piastre

Mais il voit par cette vitrine des milliers de jouets
merveilleux
Et n'a pas envie de choisir parmi ces trésors
Ni désir ni nécessité
Lui
Mais ses yeux sont grands pour tout prendre.

SPECTACLE DE LA DANSE

Mes enfants vous dansez mal
Il faut dire qu'il est difficile de danser ici
Dans ce manque d'air
Ici sans espace qui est toute la danse.

Vous ne savez pas jouer avec l'espace
Et vous y jouez
Sans chaînes
Pauvres enfants qui ne pouvez pas jouer.

Comment voulez-vous danser j'ai vu les murs
La ville coupe le regard au début
Coupe à l'épaule le regard manchot
Avant même une inflexion rythmique
Avant, sa course et repos au loin
Son épanouissement au loin du paysage
Avant la fleur du regard alliage au ciel
Mariage au ciel du regard
Infinis rencontrés heurt
Des merveilleux.

La danse est seconde mesure et second départ
Elle prend possession du monde
Après la première victoire
Du regard

Qui lui ne laisse pas de trace en l'espace
— Moins que l'oiseau même et son sillage
Que même la chanson et son invisible passage
Remuement imperceptible de l'air —
Accolade, lui, par l'immatériel
Au plus près de l'immuable transparence
Comme un reflet dans l'onde au paysage
Qu'on n'a pas vu tomber dans la rivière

Or la danse est paraphrase de la vision
Le chemin retrouvé qu'ont perdu les yeux dans le but
Un attardement arabesque à reconstruire
Depuis sa source l'enveloppement de la séduction.

RIVIÈRE DE MES YEUX

O mes yeux ce matin grands comme des rivières
O l'onde de mes yeux prêts à tout refléter
Et cette fraîcheur sous mes paupières
Extraordinaire
Tout alentour des images que je vois

Comme un ruisseau rafraîchit l'île
Et comme l'onde fluente entoure
La baigneuse ensoleillée

II
ENFANTS

I

Les enfants
Ah! les petits monstres

Ils vous ont sauté dessus
Comme ils grimpent après les trembles
Pour les fléchir
Et les faire pencher sur eux

Ils ont un piège
Avec une incroyable obstination

Ils ne vous ont pas laissés
Avant de vous avoir gagnés

Alors ils vous ont laissés
Les perfides
                    vous ont abandonnés
Se sont enfuis en riant.

Il y en a qui sont restés
Quand les autres sont partis jouer
Ils sont restés assis gravement.

Il en est qui sont allés
Jusqu'au bout de la grande allée

Leur rire s'est suspendu

Pendant qu'ils se retournaient
Pour vous voir qui les regardiez

Un remords et un regret

Mais il n'était pas perdu
Il a repris sa fusée
Qu'on entend courir en l'air
Cependant qu'eux sont disparus
Quand l'allée a descendu.

II

PORTRAIT

C'est un drôle d'enfant
C'est un oiseau
Il n'est plus là

Il s'agit de le trouver
De le chercher
Quand il est là

Il s'agit de ne pas lui faire peur
C'est un oiseau
C'est un colimaçon.

Il ne regarde que pour vous embrasser
Autrement il ne sait pas quoi faire
avec ses yeux
Où les poser
Il les tracasse comme un paysan sa casquette

Il lui faut aller vers vous
Et quand il s'arrête
Et s'il arrive
Il n'est plus là

Alors il faut le voir venir
Et l'aimer durant son voyage.

III
ESQUISSES
EN PLEIN AIR

La voix des feuilles
Une chanson
Plus claire un froissement
De robes plus claires aux plus
transparentes couleurs.

L'AQUARELLE

Est-il rien de meilleur pour vous chanter
                                        les champs
Et vous les arbres transparents
Les feuilles
Et pour ne pas cacher la moindre des lumières

Que l'aquarelle cette claire
Claire tulle ce voile clair sur le papier.

FLÛTE

Tous les champs ont soupiré par une flûte
Tous les champs à perte de vue ondulés sur les
buttes
Tendus verts sur la respiration calme des buttes

Toute la respiration des champs a trouvé ce petit
ruisseau vert de son pour sortir
A découvert
Cette voix verte presque marine
Et soupiré un son tout frais
Par une flûte.

SAULES

Les saules au bord de l'onde
La tête penchée
Le vent peigne leurs chevelures longues
Les agite au-dessus de l'eau
Pendant qu'ils songent
Et se plaisent indéfiniment
Aux jeux du soleil dans leur feuillage froid
Ou quand la nuit emmêle ses ruissellements.

LES ORMES

Dans les champs
Calmes parasols
Sveltes, dans une tranquille élégance
Les ormes sont seuls ou par petites familles.
Les ormes calmes font de l'ombre
Pour les vaches et les chevaux
Qui les entourent à midi.
Ils ne parlent pas
Je ne les ai pas entendus chanter.
Ils sont simples
Ils font de l'ombre légère
Bonnement
Pour les bêtes.

SAULES

Les grands saules chantent
Mêlés au ciel
Et leurs feuillages sont des eaux vives
Dans le ciel

Le vent
Tourne leurs feuilles
D'argent
Dans la lumière
Et c'est rutilant
Et mobile
Et cela flue
Comme des ondes.

On dirait que les saules coulent
Dans le vent
Et c'est le vent
Qui coule en eux.

C'est des remous dans le ciel bleu
Autour des branches et des troncs
La brise chavire les feuilles
Et la lumière saute autour
Une féerie
Avec mille reflets
Comme des trilles d'oiseaux-mouches
Comme elle danse sur les ruisseaux
Mobile
Avec tous ses diamants et tous ses sourires.

PINS À CONTRE-JOUR

Dans la lumière leur feuillage est comme l'eau
Des îles d'eau claire
Sur le noir de l'épinette ombrée à contre-jour

Ils ruissellent
Chaque aigrette et la touffe
Une île d'eau claire au bout de chaque branche

Chaque aiguille un reflet un fil d'eau vive

Chaque aigrette ruisselle comme une petite source
qui bouillonne
Et s'écoule
On ne sait où.

Ils ruissellent comme j'ai vu ce printemps
Ruisseler les saules eux l'arbre entier
Pareillement argent tout reflet tout onde
Tout fuite d'eau passage
Comme du vent rendu visible
Et paraissant
Liquide
A travers quelque fenêtre magique.

IV
DEUX PAYSAGES

I

PAYSAGE EN DEUX COULEURS SUR FOND DE CIEL

La vie la mort sur deux collines
Deux collines quatre versants
Les fleurs sauvages sur deux versants
L'ombre sauvage sur deux versants.

Le soleil debout dans le sud
Met son bonheur sur les deux cimes
L'épend sur faces des deux pentes
Et jusqu'à l'eau de la vallée
(Regarde tout et ne voit rien)

Dans la vallée le ciel de l'eau
Au ciel de l'eau les nénuphars
Les longues tiges vont au profond
Et le soleil les suit du doigt
(Les suit du doigt et ne sent rien)

Sur l'eau bercée   de nénuphars
Sur l'eau piquée   de nénuphars
Sur l'eau percée   de nénuphars
Et tenue de cent mille tiges
Porte le pied des deux collines
Un pied fleuri de fleurs sauvages
Un pied rongé d'ombre sauvage.

Et pour qui vogue en plein milieu
Pour le poisson qui saute au milieu
(Voit une mouche tout au plus)

Tendant les pentes vers le fond
Plonge le front des deux collines
Un de fleurs fraîches dans la lumière
Vingt ans de fleurs sur fond de ciel
Un sans couleur ni de visage
Et sans comprendre et sans soleil
Mais tout mangé d'ombre sauvage
Tout composé d'absence noire
Un trou d'oubli — ciel calme autour.

II

Un mort demande à boire
Le puits n'a plus tant d'eau qu'on le croirait
Qui portera réponse au mort
La fontaine dit mon onde n'est pas pour lui.

Or voilà toutes ses servantes en branle
Chacune avec un vase à chacune sa source
Pour apaiser la soif du maître
Un mort qui demande à boire.

Celle-ci cueille au fond du jardin nocturne
Le pollen suave qui sourd des fleurs
Dans la chaleur qui s'attarde
à l'enveloppement de la nuit
Elle développe cette chair devant lui

Mais le mort a soif encore et demande à boire

Celle-là cueille par l'argent des prés lunaires
Les corolles que ferma la fraîcheur du soir
Elle en fait un bouquet bien gonflé
Une tendre lourdeur fraîche à la bouche
Et s'empresse au maître pour l'offrir

Mais le mort a soif et demande à boire

Alors la troisième et première des trois sœurs
S'empresse elle aussi dans les champs
Pendant que surgit au ciel d'orient
La claire menace de l'aurore
Elle ramasse au filet de son tablier d'or
Les gouttes lumineuses de la rosée matinale
En emplit une coupe et l'offre au maître

Mais il a soif encore et demande à boire.

Alors le matin paraît dans sa gloire
Et répand comme un vent la lumière sur la vallée
Et le mort pulvérisé
Le mort percé de rayons comme une brume
S'évapore et meurt
Et son souvenir même a quitté la terre.

V
DE GRIS EN PLUS NOIR

SPLEEN

Ah! quel voyage nous allons faire
Mon âme et moi, quel lent voyage

Et quel pays nous allons voir
Quel long pays, pays d'ennui.

Ah! d'être assez fourbu le soir
Pour revenir sans plus rien voir

Et de mourir pendant la nuit
Mort de moi, mort de notre ennui.

MAISON FERMÉE

Je songe à la désolation de l'hiver
Aux longues journées de solitude
Dans la maison morte —
Car la maison meurt où rien n'est ouvert —
Dans la maison close, cernée de forêts

Forêts noires pleines
De vent dur

Dans la maison pressée de froid
Dans la désolation de l'hiver qui dure

Seul à conserver un petit feu dans le grand âtre
L'alimentant de branches sèches
Petit à petit
Que cela dure
Pour empêcher la mort totale du feu
Seul avec l'ennui qui ne peut plus sortir
Qu'on enferme avec soi
Et qui se propage dans la chambre

Comme la fumée d'un mauvais âtre
Qui tire mal vers en haut
Quand le vent s'abat sur le toit
Et rabroue la fumée dans la chambre
Jusqu'à ce qu'on étouffe dans la maison fermée

Seul avec l'ennui
Que secoue à peine la vaine épouvante
Qui nous prend tout à coup
Quand le froid casse les clous dans les planches
Et que le vent fait craquer la charpente

Les longues nuits à s'empêcher de geler
Puis au matin vient la lumière
Plus glaciale que la nuit.

Ainsi les longs mois à attendre
La fin de l'âpre hiver.

Je songe à la désolation de l'hiver
Seul connotation négative ; ennui
Dans une maison fermée.

FIÈVRE

Reprend le feu
Sous les cendres

Attention
On ne sait pas
Dans les débris

Attention
On sait trop bien
Dans les débris
Le moindre souffle et le feu part

Au fond du bois
Le feu reprend
Sournoisement
De moins en plus fort

Attention
Le feu reprend
Brûle le vent à son passage

Le feu reprend
Mais où passer
Dans les débris
Tout fracassés
Dans les écopeaux
Bien tassés

La chaleur chauffe
Le vent se brûle
La chaleur monte
Et brouille le ciel

A lueurs lourdes
La chaleur sourde
Chauffe et me tord

La chaleur chauffe
Sans flamme claire
La chaleur monte
Sans oriflamme
Brouillant le ciel
Tremblant les arbres
Brûlant le vent à son passage.

Le paysage
Demande grâce
Les bêtes ont les yeux effarés
Les oiseaux sont égarés
Dans la chaleur brouillant le ciel

Le vent ne peut plus traverser
Vers les grands arbres qui étouffent
Les bras ouverts
Pour un peu d'air

Le paysage demande grâce
Et la chaleur intolérable
Du feu repris
Dans les débris
Est sans une fissure aucune
Pour une flamme
Ou pour le vent.

VI
FACTION

COMMENCEMENT PERPÉTUEL

Un homme d'un certain âge
Plutôt jeune et plutôt vieux
Portant des yeux préoccupés
Et des lunettes sans couleur
Est assis au pied d'un mur
Au pied d'un mur en face d'un mur

Il dit je vais compter de un à cent
A cent ça sera fini
Une bonne fois une fois pour toutes
Je commence un doux et le reste

Mais à soixante-treize il ne sait plus bien

C'est comme quand on croyait compter les coups de minuit
et qu'on arrive à onze
Il fait noir comment savoir
On essaye de reconstruire avec les espaces le rythme
Mais quand est-ce que ça a commencé

Et l'on attend la prochaine heure

Il dit allons   il faut en finir
Recommençons une bonne fois
Une fois pour toutes
De un à cent
Un . . . .

Autrefois j'ai fait des poèmes
Qui contenaient tout le rayon
Du centre à la périphérie et au-delà
Comme s'il n'y avait pas de périphérie
mais le centre seul
Et comme si j'étais le soleil : à l'entour
l'espace illimité
C'est qu'on prend de l'élan
à jaillir tout au long du rayon
C'est qu'on acquiert une prodigieuse vitesse de bolide
Quelle attraction centrale peut alors
empêcher qu'on s'échappe
Quel dôme de firmament concave qu'on le perce
Quand on a cet élan pour éclater dans l'Au-delà.

Mais on apprend que la terre n'est pas plate
Mais une sphère et que le centre n'est pas au milieu
Mais au centre
Et l'on apprend la longueur du rayon ce chemin
trop parcouru
Et l'on connaît bientôt la surface
Du globe tout mesuré inspecté arpenté vieux sentier
Tout battu

Alors la pauvre tâche
De pousser le périmètre à sa limite
Dans l'espoir à la surface du globe d'une fissure,
Dans l'espoir et d'un éclatement des bornes
Par quoi retrouver libre l'air et la lumière.

Hélas tantôt désespoir
L'élan de l'entier rayon devenu
Ce point mort sur la surface.

Tel un homme
Sur le chemin trop court par la crainte du port
Raccourcit l'enjambée et s'attarde à venir
Il me faut devenir subtil
Afin de, divisant à l'infini l'infime distance
De la corde à l'arc,
Créer par ingéniosité un espace analogue à l'Au-delà
Et trouver dans ce réduit matière
Pour vivre et l'art.

FACTION

On a décidé de faire la nuit
Pour une petite étoile problématique
A-t-on le droit de faire la nuit
Nuit sur le monde et sur notre cœur
Pour une étincelle
Luira-t-elle
Dans le ciel immense désert

On a décidé de faire la nuit
pour sa part
De lâcher la nuit sur la terre
Quand on sait ce que c'est
Quelle bête c'est
Quand on a connu quel désert
Elle fait à nos yeux sur son passage

On a décidé de lâcher la nuit sur la terre
Quand on sait ce que c'est
Et de prendre sa faction solitaire
Pour une étoile
                    encore qui n'est pas sûre
Qui sera peut-être une étoile filante
Ou bien le faux éclair d'une illusion
Dans la caverne que creusent en nous
Nos avides prunelles.

VII

Tu croyais tout tranquille
Tout apaisé
Et tu pensais que cette mort était aisée

Mais non, tu sais bien que j'avais peur
Que je n'osais faire un mouvement
Ni rien entendre
Ni rien dire
De peur de m'éveiller complètement
Et je fermais les yeux obstinément
Comme un qui ne peut s'endormir
Je me bouchais les oreilles avec mon oreiller
Et je tremblais que le sommeil ne s'en aille

Que je sentais déjà se retirer
Comme une porte ouverte en hiver
Laisse aller la chaleur tendre
Et s'introduire dans la chambre
Le froid qui vous secoue de votre assoupissement
Vous fouette
Et vous rend conscient nettement comme l'acier

Et maintenant

Les yeux ouverts les yeux de chair
trop grand ouverts
Envahis regardent passer
Les yeux les bouches les cheveux
Cette lumière trop vibrante
Qui déchire à coups de rayons
La pâleur du ciel de l'automne

Et mon regard part en chasse effrénément
De cette splendeur qui s'en va
De la clarté qui s'échappe
Par les fissures du temps

L'automne presque dépouillé
De l'or mouvant
Des forêts
Et puis ce couchant
Qui glisse au bord de l'horizon
A me faire crier d'angoisse

Toutes ces choses qu'on m'enlève

J'écoute douloureux comme passe une onde
Les chatoiements des voix et du vent
Symphonie déjà perdue   déjà fondue
En les frissons de l'air qui glisse vers hier

Les yeux le cœur et les mains ouvertes
Mains sous mes yeux ces doigts écartés
Qui n'ont jamais rien retenu
Et qui frémissent
Dans l'épouvante d'être vides

Maintenant mon être en éveil
Est comme déroulé sur une grande étendue
Sans plus de refuge au sein de soi
Contre le mortel frisson des vents
Et mon cœur charnel est ouvert comme une plaie
D'où s'échappe aux torrents du désir
Mon sang distribué aux quatre points cardinaux.

Qu'est-ce qu'on peut pour notre ami
au loin là-bas
à longueur de notre bras

Qu'est-ce qu'on peut pour notre ami
Qui souffre une douleur infinie.

Qu'est-ce qu'on peut pour notre cœur
Qui se tourmente et se lamente

Qu'est-ce qu'on peut pour notre cœur
Qui nous quitte en voyage tout seul

Que l'on regarde d'où l'on est
Comme un enfant qui part en mer

De sur la falaise où l'on est
Comme un enfant qu'un vaisseau prend

Comme un bateau que prend la mer
Pour un voyage au bout du vent

Pour un voyage en plein soleil
Mais la mer sonne déjà sourd

Et le ressac s'abat plus lourd
Et le voyage est à l'orage

Et lorsque toute la mer tonne
Et que le vent se lamente aux cordages

Le vaisseau n'est plus qu'une plainte
Et l'enfant n'est plus qu'un tourment

Et de la falaise où l'on est
Notre regard est sur la mer

Et nos bras sont à nos côtés
Comme des rames inutiles

Nos regards souffrent sur la mer
Comme de grandes mains de pitié

Deux pauvres mains qui ne font rien
Qui savent tout et ne peuvent rien

Qu'est-ce qu'on peut pour notre cœur
Enfant en voyage tout seul
Que la mer à nos yeux déchira.

PETITE FIN DU MONDE

Oh! Oh!
Les oiseaux
morts

Les oiseaux
les colombes
nos mains

Qu'est-ce qu'elles ont eu
qu'elles ne se reconnaissent plus

On les a vues autrefois
Se rencontrer dans la pleine clarté
se balancer dans le ciel
se côtoyer avec tant de plaisir
                                        et se connaître
dans une telle douceur

Qu'est-ce qu'elles ont maintenant
quatre mains sans plus un chant
que voici mortes
désertées

J'ai goûté à la fin du monde
et ton visage a paru périr
devant ce silence de quatre colombes
devant la mort de ces quatre mains
        Tombées
en rang côte à côte

Et l'on se demande
    A ce deuil
quelle mort secrète
quel travail secret de la mort
par quelle voie intime dans notre ombre
où nos regards n'ont pas voulu descendre
      La mort
a mangé la vie aux oiseaux
a chassé le chant et rompu le vol
à quatre colombes
alignées sous nos yeux

de sorte qu'elles sont maintenant
                                        sans palpitation
et sans rayonnement de l'âme.

ACCUEIL

Moi ce n'est que pour vous aimer
Pour vous voir
Et pour aimer vous voir

Moi ça n'est pas pour vous parler
Ça n'est pas pour des échanges
conversations
Ceci livré, cela retenu
Pour ces compromissions de nos dons

C'est pour savoir que vous êtes,
Pour aimer que vous soyez

Moi ce n'est que pour vous aimer
Que je vous accueille
Dans la vallée spacieuse de mon recueillement
Où vous marchez seule et sans moi
Libre complètement

Dieu sait que vous serez inattentive
Et de tous côtés au soleil
Et tout entière en votre fleur
Sans une hypocrisie
en votre jeu

Vous serez claire et seule
Comme une fleur sous le ciel
Sans un repli
Sans un recul de votre exquise pudeur

Moi je suis seul à mon tour
autour de la vallée
Je suis la colline attentive
Autour de la vallée
Où la gazelle de votre grâce évoluera
Dans la confiance et la clarté de l'air

Seul à mon tour j'aurai la joie
Devant moi
De vos gestes parfaits
Des attitudes parfaites
De votre solitude

Et Dieu sait que vous repartirez
Comme vous êtes venue
Et je ne vous reconnaîtrai plus

Je ne serai peut-être pas plus seul
Mais la vallée sera déserte
Et qui me parlera de vous ?

CAGE D'OISEAU

Je suis une cage d'oiseau
Une cage d'os
Avec un oiseau

L'oiseau dans ma cage d'os
C'est la mort qui fait son nid

Lorsque rien n'arrive
On entend froisser ses ailes

Et quand on a ri beaucoup
Si l'on cesse tout à coup
On l'entend qui roucoule
Au fond
Comme un grelot

C'est un oiseau tenu captif
La mort dans ma cage d'os

Voudrait-il pas s'envoler
Est-ce vous qui le retiendrez
Est-ce moi
Qu'est-ce que c'est

Il ne pourra s'en aller
Qu'après avoir tout mangé
Mon cœur
La source du sang
Avec la vie dedans

Il aura mon âme au bec.

Fin tragique

ACCOMPAGNEMENT

Joie

Se faire plaisir

vs

Il cherche un milieu juste

faire plaisir à la société

Malheur

Je marche à côté d'une joie
D'une joie qui n'est pas à moi
D'une joie à moi que je ne puis pas prendre

Je marche à côté de moi en joie
J'entends mon pas en joie qui marche à côté de moi
Mais je ne puis changer de place sur le trottoir
Je ne puis pas mettre mes pieds dans ces pas-là
et dire voilà c'est moi

Je me contente pour le moment de cette compagnie
Mais je machine en secret des échanges
Par toutes sortes d'opérations, des alchimies,
Par des transfusions de sang
Des déménagements d'atomes
par des jeux d'équilibre

Afin qu'un jour, transposé,
Je sois porté par la danse de ces pas de joie
Avec le bruit décroissant de mon pas à côté de moi
Avec la perte de mon pas perdu
s'étiolant à ma gauche
Sous les pieds d'un étranger
qui prend une rue transversale.

CHRONOLOGIE

Vie et œuvre d'Hector de Saint-Denys Garneau (1912-1943)

1912 : À Montréal, le 13 juin, naît Hector de Saint-Denys Garneau, deuxième enfant de Paul Garneau et d'Hermine Prévost, petit-fils du poète Alfred Garneau et arrière-petit-fils de l'historien François-Xavier Garneau ; le lendemain, l'enfant est baptisé à la Basilique-Cathédrale de Montréal. Son premier prénom est celui de son grand-oncle et parrain Hector Prévost, et son second lui vient d'un ancêtre de deuxième génération, Nicolas Juchereau de Saint-Denys.

1916 à 1922 : La famille Garneau séjourne au manoir ancestral Juchereau-Duchesnay, propriété familiale du côté maternel ; ce manoir est situé à Sainte-Catherine de Fossambault (aujourd'hui Sainte-Catherine-de-la-Jacques-Cartier), près de Québec. Hector y côtoie sa cousine Anne Hébert.

1922 : Il entre au pensionnat Saint-Jean-Berchmans des Sœurs du Bon-Pasteur (Servantes du Cœur Immaculé de Marie), à Québec.

1923 : La famille Garneau rentre à Montréal et s'installe à Westmount ; Hector poursuit ses études au collège Sainte-Marie.

1924 : Inscrit au Loyola College, il s'initie au sport. Passionné de peinture, il fréquente également l'École des beaux-arts de Montréal, où lui seront décernés, l'année suivante, un deuxième prix et une médaille de bronze.

1926 et 1928 : Son écriture est remarquée : avec le poème « Le dinosaure », il remporte à treize ans le Concours littéraire pour la jeunesse organisé par la maison Henry Morgan (aujourd'hui La Baie), puis à quinze ans, le concours de poésie de l'Association des auteurs canadiens avec le poème « Automne ».

1927 à 1934 : Abandonnant l'étude des beaux-arts, il se consacre (au collège Sainte-Marie et au collège Jean-de-Brébeuf, en alternance) aux lettres et à la philosophie jusqu'à ce que son médecin lui intime de quitter définitivement l'école à cause de sa santé précaire et particulièrement de ses problèmes cardiaques.

1934 : Il participe, avec Robert Charbonneau, Robert Élie et Paul Beaulieu, à la fondation de la revue *La Relève* ; sa première contribution paraît dans le troisième numéro.

1937 : Sa toile «Ciel en automne» est exposée dans le cadre du cinquante-quatrième Salon annuel du printemps à la Galerie des arts de Montréal. À compte d'auteur, Hector publie *Regards et jeux dans l'espace.* La réception de ce recueil est mitigée. L'auteur devient lui-même un critique acerbe de son propre livre et retire rapidement bon nombre d'exemplaires des librairies. En juillet, en proie au découragement, il part visiter l'Angleterre et la France en compagnie de son ami Jean Le Moyne. À son retour, il s'isole au manoir familial.

1943 : Certains de ses poèmes sont traduits en anglais et publiés dans le *Canadian Poetry Magazine.* Hector de Saint-Denys Garneau décède le 24 octobre, à trente et un ans, d'une crise cardiaque survenue lors d'une balade en canot. Ses funérailles sont célébrées quatre jours plus tard, à l'église de Sainte-Catherine.

1949 : Robert Élie et Jean Le Moyne dévoilent un plus large pan de la poésie de Saint-Denys Garneau avec *Poésies complètes.*

1954 : Le *Journal* intime du poète est publié; il sera traduit et paraîtra en anglais en 1962.

1967 : La correspondance de l'auteur est mise au jour dans *Lettres à ses amis.*

1971 : Jacques Brault et Benoît Lacroix publient une première édition critique des *Œuvres* de Saint-Denys Garneau.

À LA MÉMOIRE D'HECTOR DE SAINT-DENYS GARNEAU

1960 : L'Office national du film du Canada produit *Saint-Denys Garneau,* documentaire réalisé par Louis Portugais (disponible en ligne : http://www.onf.ca/film/saint-denys_garneau) ; le scénario est d'Anne Hébert.

1993 : Pour souligner le cinquantième anniversaire de la mort de l'artiste, une messe est célébrée à Sainte-Catherine-de-la-Jacques-Cartier par le père Benoît Lacroix, et une plaque commémorative où sont inscrits les deux premiers vers de «Rivière de mes yeux» est dévoilée. Trente de ses toiles constituent l'exposition *Esquisses en plein air.*

1995 : On dévoile une plaque commémorative en l'honneur de Saint-Denys Garneau dans le Jardin des poètes, à Neuville.

1996 : Débute l'exposition *Saint-Denys Garneau, Pierre Gauvreau et Roch Plante* au Musée du domaine Cataraqui, à Québec.

1998 : Le groupe Villeray lance l'album *Musique sur Saint-Denys Garneau*.

2001 : Débute l'exposition *L'univers de Saint-Denys Garneau* au Centre culturel Yvonne-L.-Bombardier, à Valcourt.

2003 : Au sein du Centre de recherche interuniversitaire sur la littérature et la culture québécoises (CRILCQ), on crée le Centre Hector-de-Saint-Denys-Garneau, consacré spécifiquement à l'étude de la poésie québécoise.

2005 : Alexandre Bédard, Émile Deraspe, Émilie Hayes et Gabrielle Trépanier-Jobin réalisent le film *Saint-Denys Garneau* (disponible en ligne : http://monde.ccdmd.qc.ca).

2010 : Jean-Philippe Dupuis réalise le documentaire *Saint-Denys Garneau*, lequel a remporté le Prix du meilleur film canadien au vingt-neuvième Festival international du film sur l'art (FIFA).

2012 : Le Festival de la poésie de Trois-Rivières présente le concert jazz *Hommage à Saint-Denys Garneau* à l'occasion du centième anniversaire de naissance du poète.

Chaque année, la faculté des lettres de l'Université Laval procède à la remise des bourses Saint-Denys-Garneau, qui récompensent la recherche et la création en poésie québécoise.

La Fondation de Saint-Denys Garneau veille à perpétuer la mémoire de l'auteur, à diffuser son œuvre, à conserver des objets témoignant de sa vie, et à encourager les recherches et publications sur ses écrits.

L'école secondaire ainsi qu'une route de Sainte-Catherine-de-la-Jacques-Cartier portent aujourd'hui le nom du poète.

BIBLIOGRAPHIE SÉLECTIVE

ŒUVRES

GARNEAU, Hector de Saint-Denys, *Regards et jeux dans l'espace*, Montréal, [s. é.], 1937, 84 p.

———, *Poésies complètes* (comprenant *Regards et jeux dans l'espace* et *Les solitudes*), texte introduit par Robert Élie et Jean Le Moyne avec la collaboration d'Hermine Prévost-Garneau, Montréal, Fides, coll. du « Nénuphar », 1949, 228 p.

———, *Journal*, texte précédé d'une préface de Gilles Marcotte et d'un avertissement de Robert Élie et Jean Le Moyne, Montréal, Éditions Beauchemin, 1954, 270 p.

———, *Lettres à ses amis*, texte précédé d'un avertissement de Robert Élie, Claude Hurtubise et Jean Le Moyne, Montréal, Hurtubise HMH, coll. « Constances », 1967, 490 p.

———, *Œuvres*, texte établi, annoté et présenté par Jacques Brault et Benoît Lacroix avec la collaboration de Madeleine Brault et Giselle Huot, Montréal, Les Presses de l'Université de Montréal, coll. « Bibliothèque des lettres québécoise », 1971, 1320 p.

ÉTUDES

BIRON, Michel, *L'absence du maître. Saint-Denys Garneau, Ferron, Ducharme*, Montréal, Les Presses de l'Université de Montréal, 2002, 320 p.

BROCHU, André, *Saint-Denys Garneau. Le poète en sursis*, Montréal, Éditions XYZ, 1999, 208 p.

CHARRON, François, *L'obsession du mal : de Saint-Denys Garneau et la crise identitaire au Canada français. Essai biographique*, Montréal, Les Herbes rouges, 2001, 590 p.

DURAND-LUTZY, Nicole, *Saint-Denys Garneau. La couleur de Dieu*, Montréal, Fides, 1981, 152 p.

GASCON, France, *L'univers de Saint-Denys Garneau : le peintre, le critique*, Montréal / Joliette, Éditions du Boréal / Musée d'art de Joliette, 2001, 112 p.

KUSHNER, Eva, *Saint-Denys Garneau*, Montréal / Paris, Fides / Seghers, coll. « Poètes d'aujourd'hui », 1967, 192 p.

PRÉVOST, Antoine, *De Saint-Denys Garneau, l'enfant piégé. Récit biographique*, Montréal, Éditions du Boréal, 1994, 238 p.
RISER, Georges, *Conjonction et disjonction dans la poésie de Saint-Denys Garneau. Étude du fonctionnement des phénomènes de cohésion et de rupture dans des textes poétiques*, Ottawa, Éditions de l'Université d'Ottawa, 1984, 242 p.
ROY, Jacques, *L'autre Saint-Denys Garneau* suivi de *Cinq lettres inédites de Saint-Denys Garneau*, Québec, Éditions du Loup de gouttière, 1993, 144 p.
THIBODEAU, Serge-Patrice, *L'appel des mots. Lecture de Saint-Denys Garneau*, Montréal, Les Éditions de l'Hexagone, 1993, 238 p.
VIGNEAULT, Robert, *Saint-Denys Garneau à travers* Regards et jeux dans l'espace, Montréal, Les Presses de l'Université de Montréal, 1973, 70 p.
ZITO, Marina, *Itinéraires littéraires et spirituels : Raïssa Maritain, de Saint-Denys Garneau, Anne Hébert*, Paris, Les Presses de l'Université Paris-Sorbonne, 2004, 124 p.

ŒUVRES INSPIRÉES DE LA VIE ET DES ÉCRITS D'HECTOR DE SAINT-DENYS GARNEAU

ÉLIE, Robert, *La fin des songes*, Montréal, Éditions Beauchemin, 1950, 256 p.
GARNEAU, Jacques, *Inventaire pour Saint-Denys*, Montréal, Cercle du livre de France, 1972, 138 p.

TABLE DES MATIÈRES

Achevé d'imprimer en juillet 2020
sur les presses de l'imprimerie Gauvin
ÉD. 01 / IMP. 05

MIXTE
Papier
FSC FSC® C100212